NOTICE

SUR

M. PAUL VAVASSEUR,

Avocat, Secrétaire de correspondance de la Société libre
d'Émulation du Commerce et de l'Industrie de la Seine-Inférieure ; Membre de
l'Académie des Sciences, Belles-Lettres et Arts de Rouen ;

Par M. R. D'ESTAINTOT.

ROUEN

IMPRIMERIE DE H. BOISSEL

RUE DE LA VICOMTÉ, 55

—

1873

Extrait du *Bulletin de la Société libre d'Émulation du Commerce
et de l'Industrie de la Seine-Inférieure*, année 1872.

(Tiré à 40 exemplaires.)

NOTICE

SUR

M. PAUL VAVASSEUR.

MESSIEURS,

La Société perdait l'année dernière l'un de ses membres les plus actifs. Frappé dans toute la force de l'âge, Paul Vavasseur était enlevé au bureau où vous l'aviez appelé depuis plus de cinq années et nous laissait le souvenir d'un cœur chaud et sympathique, non moins que d'un esprit élevé, ardent à s'enthousiasmer pour toutes les belles et grandes choses.

Ce n'est point à moi qu'eut dû revenir l'honneur de vous parler de lui, mais le jeune et intelligent secrétaire de bureau qui lui avait adressé sur sa tombe un si touchant adieu, s'est lui-même séparé de nous, appelé à quitter Rouen par les nécessités de sa carrière, et M. le président n'a pas fait inutilement appel à mon amitié bien connue pour notre regretté collègue. Il m'a prié de me rendre l'interprète des sentiments de la Société, et j'ai accepté sans peine , sachant qu'ils se confondraient avec les miens.

Paul Vavasseur était né à Rouen, en 1832 (1). Nous étions contemporains. Son esprit, facilement ouvert aux beautés de nos auteurs classiques, avait marqué par de brillants succès ses premières années d'études, et signalé son passage dans les deux maisons d'éducation où il fut successivement admis : celle de M. l'abbé Join Lambert, à Rouen, et celle de M. l'abbé Poiloup, à Versailles. Il parvint facilement aux premières places, mérita le prix d'honneur et fut même chargé, comme élève de philosophie, de prononcer, à la distribution des prix, un discours qui fut très remarqué. Ces saines et fortes études étaient le grand attrait de cet esprit vif et primesautier. Elles l'inspiraient déjà dans quelques essais poétiques qui avaient une solidité et un fini qui se trouvent rarement à cet âge. Je noterai particulièrement une opérette intitulée : *La Prise de Séville* qui eut chez l'abbé

(1) Le 14 février.

Poiloup les honneurs d'une mise en musique et d'une représentation solennelle.

Vavasseur arrivait à l'âge d'homme; sa famille le destina au barreau, et à vingt et un ans, en 1853, il était inscrit au tableau de l'ordre des avocats près notre cour d'appel. Cette carrière était-elle bien celle qui convenait le mieux à cette intelligence toute imprégnée des beautés des littératures anciennes dont s'était nourrie sa jeunesse. Je n'oserais l'affirmer ; le temps, d'ailleurs, lui a manqué pour arriver à cette consécration suprême du succès ; mais je me rappelle encore les paroles émues par lesquelles, au nom de ses confrères, l'un de nos maîtres (1) lui adressait un dernier adieu. Je me rappelle la justice qu'il rendait à l'intelligence de P. Vavasseur, à l'ardeur que notre collègue mettait à défendre les causes que sa conscience avait épousées, au sentiment de bonne et loyale confraternité qui l'unissait à ses confrères, et je crois pouvoir assurer que, dans cette carrière du barreau, qui assure toujours le succès au mérite persévérant, Vavasseur eût conquis la place due à son intelligence et à ses efforts.

Il était avocat depuis six ans, Messieurs, lorsqu'en 1857, vous l'admîtes au milieu de vous. Vous avez rendu promptement justice aux éminentes qualités de son esprit. En 1865, vous l'appeliez au bureau comme secré-

(1) M. Frédéric Deschamps.

taire ; en 1857, vous récompensiez ses services par le titre de secrétaire de correspondance. Il en était revêtu depuis quatre ans, lorsque la mort l'a frappé (1).

Je voudrais résumer d'une manière exacte l'impression que vous avez conservée du talent avec lequel il s'est acquitté de ses fonctions (2). Vous vous rappelez surtout la passion généreuse avec laquelle il s'associait à la noble mission que notre Société s'est donnée, de rechercher et de récompenser les belles actions.

Ce fut là, ce me semble, le trait spécial qui le distingua. Son successeur au poste de secrétaire de bureau, M. Heurtel, l'avait du reste signalé dans les paroles qu'il prononça sur sa tombe, avec le bonheur d'expression qui lui était familier. Je suis heureux de les citer ici pour bien rendre ma pensée:

« Paul Vavasseur avait surtout pris à tâche de découvrir les vertus ignorées que le legs Dumanoir nous permet de récompenser. Avec un zèle infatigable, il cherchait

(1) Le 11 octobre 1871.

(2) Le Bulletin de la Société contient de lui : — en 1864, le rapport sur le prix Dumanoir ; — en 1865, le même rapport et le compte-rendu des travaux de l'année ; — en 1866, le rapport général sur les cours publics ; en 1867, 1868 et 1869 le rapport sur les prix Dumanoir.

Il rédigea aussi deux notices sur MM. A. Lévy et Bazile, anciens membres de la Société.

les plus dignes et venait tout heureux raconter leurs dévouements obscurs à la commission des actes de haute moralité. Son âme chaleureuse et passionnée pour le bien l'entraînait alors, nous le savons tous, à des élans d'éloquence vraie où l'avocat disparaissait laissant la place à l'homme simple de cœur, au panégyriste convaincu des héros d'abnégation, ouvriers ou domestiques, dont il racontait les actions.

« Chaque année, sa meilleure récompense était de venir en séance publique proclamer les noms des lauréats. On n'a pas oublié ces discours où la plus pure morale était mise en action par la plume d'un croyant. Le compte-rendu du prix Dumanoir était son œuvre préférée. Il en faisait un poëme à la louange des faibles et des humbles (1). »

Mais ce n'était là, Messieurs, qu'un des côtés de sa vie. Je ne dirai pas le meilleur, mais le plus brillant peut-être, se développa dans une autre enceinte, et ce fut l'Académie de Rouen qui eut l'honneur de couronner ses premiers essais poétiques (2), et qu'il fit depuis la confidente de ses invocations à la muse.

(1) *Nouvelliste de Rouen*, 15 octobre 1871.

(2) Nous ne parlons pas ici de ses ouvrages en prose parmi lesquels nous rappelons sa *Notice sur la vie et les œuvres de M. l'abbé Prévost... curé de Saint-Nicaise*, publiée en 185. —

Le premier genre qu'il aborda fut le Conte ; il avait toutes les qualités nécessaires pour y réussir, aussi remporta-t-il, en 1858, le prix que l'Académie décernait, après un concours très brillant, à la meilleure œuvre en ce genre.

Sous ce titre : *Le Charlatan et les héritiers*, il sut rajeunir un thème plusieurs fois abordé, et prouver, chose triste à penser sans doute, que les morts sont vite oubliés et que ceux qui les pleurent le plus haut ne sont pas toujours ceux qui désireraient le plus vivement les voir revenir à la vie.

Le Sage, La Bruyère, Andrieux, dans l'*Alchimiste*, chez un romancier moderne, le *docteur Servans*, ont tour à tour éclairé ce triste côté de la nature humaine, ou cherché à le mettre en scène. Nulle part, ce nous semble, il ne l'a été avec plus de finesse et de naturel que dans le conte de Vavasseur. Le rapporteur à l'Académie qui fut chargé de l'apprécier le résumait en disant : *C'est un chapitre de Balzac.* Ceux qui le liront trouveront que l'éloge n'a rien de forcé, et que l'œuvre du lauréat offre toute la profondeur d'observation de Balzac, avec plus de rondeur et de bonhomie.

Corneille, poète comique, sujet de son discours de réception à l'Académie en 1864 ; — *Etude sur l'éducation du Dauphin, fils de Louis XIV,* publiée en 1866.

Ce succès encouragea l'auteur qui publia successivement :
en 1865, son petit poëme des *Expropriations*, rempli
d'humour et d'allusions piquantes que nos descendants ne
comprendront guère, mais que nos contemporains accueil-
lirent assez bien pour que l'œuvre méritât, en 1865, les
honneurs d'une seconde édition ; plus tard , en 1868 ,
les *Deux Flèches*, plaidoyer plein d'actualité en faveur de
l'achèvement de la flèche de la Cathédrale, mais qui, je
le crains bien, n'aura trop longtemps que ce mérite et
donnera raison à cet amer pronostic que le poète mettait,
j'ose à peine dire, sur les lèvres de la flèche de Saint-
Maclou, s'adressant à son altière rivale :

> Non, je crois que ta taille est toujours à l'étude
> Et qu'on l'étudiera si longtemps et si fort
> Qu'au jugement dernier nous pourrons voir encor
> (Si tant est que les tours, les flèches, les églises
> Se joignent aux chrétiens dans ces grandes assises),
> Ton tube inachevé, vrai squelette immortel
> S'en venir demander justice à l'Eternel.

L'année suivante, inspiré par un sujet de tableau mis
au concours par l'Académie, Paul Vavasseur abordait un
autre genre que celui auquel il avait dû jusqu'ici ses succès, et se laissait tenter par la légende des *Enervés de
Jumiéges.*

Je ne sais s'il y réussit aussi bien, mais on éprouve
en lisant ce petit poëme, ces strophes alternant avec le

récit, une impression de douce tristesse et une langueur sereine qui s'harmonise avec le sujet et se dégage sans effort des scènes que le poète fait passer sous vos yeux.

Il ne persévéra pas d'ailleurs dans ce genre, et en 1870, se laissant emporter, comme en 1865, par le souffle de l'actualité, il animait la séance publique de l'Académie, par un nouveau conte en vers, *l'Académie de Bagdad*. On était à la veille de la réélection des Conseils municipaux de l'Empire, au lendemain du plébiscite, et l'auteur terminait son conte par ces deux vers :

> Messieurs, ceci s'appelle un avis au lecteur,
> Oserai-je ajouter : avis à l'électeur !

Jamais sa fécondité et son humeur gauloise n'animèrent ses œuvres de détails plus finement amenés et plus piquants. Il trouva prétexte à mille rencontres imprévues. A propos du coton, nous y voyions figurer l'un des nôtres, et non sans doute celui dont notre Société ait le moins sujet d'être fière :

> Et pour ma part je ne saurais nier
> Que d'un concitoyen dont la vive éloquence
> A de notre industrie embrassé la défense,
> Bien que dans le coton soigneusement couvé,
> Le talent ne se soit promptement élevé
> A la hauteur d'une puissance.

Aussi, quand sa parole aux ardentes couleurs
Célèbre du coton la gloire et les merveilles,
Ravis et transportés, ses nombreux auditeurs
    N'en mettent point dans leurs oreilles.

Mais j'oubliais de vous dire l'avis à l'électeur :

C'est pour vous que j'écris, corps délibérants
    Et savants.
Avez-vous, par hasard, un ennemi farouche,
Irréconciliable, en tout temps déclaré,
    Il n'est moyen plus assuré
De le calmer, de lui fermer la bouche
    Et de le rendre aimable et doux
    Que de l'admettre parmi vous.
Combien en a-t-on vu, je dis des plus terribles,
    Gens vertueux, incorruptibles,
Ennemis convaincus, véhéments orateurs
Et qu'un os du budget rendait conservateurs.
    Sans hésiter, ceux-là, faites-les vôtres ;
    Les convertis sont les meilleurs apôtres.

Cette œuvre est la dernière que nous ayions à citer. Peu de temps après, la patrie en deuil était foulée par un vainqueur sans pitié. Le temps n'était plus à la poésie. Vavasseur ne reprit la plume que pour stigmatiser l'envahisseur et lut à l'Académie une satire virulente que lui inspirait sa verve patriotique. Mais l'heure était prématurée, l'armée du vainqueur était trop près de nous ; l'Académie, par un sentiment de suprême convenance, crut que le silence était l'attitude la plus digne, et Vavasseur n'eut pas la satisfaction qu'il cherchait de pouvoir cingler l'ennemi du fouet vengeur de ses vers.

Ce fut un chagrin pour lui ; il en eut un autre à ses derniers moments. Il se donnait alors tout entier à un poëme de plus longue haleine, destiné à célébrer l'œuvre divinement réparatrice accomplie depuis dix-huit cents ans par la papauté. Des études préliminaires sérieuses, une foi religieuse sincère et profonde, l'enthousiasme que lui inspirait son sujet, se réunissaient pour donner à son talent une vigueur nouvelle et le révéler sous un nouveau jour. La maladie l'abattit avant que cette œuvre fût terminée ; sa famille n'en possède que des fragments épars, dont les beautés réelles ne présentent point, cependant, un ensemble assez complet pour qu'ils puissent être livrés à la publicité.

Voilà, Messieurs, ce qu'a produit le poète. Si je voulais vous faire connaître toutes les faces de son talent, il me resterait à en signaler une que ses intimes seuls ont bien connue. Nul ne fut plus prodigue de son esprit et de ses vers, et nul ne posséda mieux le talent d'animer une réunion intime et joyeuse par un couplet improvisé, plein d'apropos, terminé par un mot piquant, dont le succès, toujours applaudi, redoublait encore la verve de son auteur. Cette facilité extrême d'improvisation et sa constante bonne humeur le rendaient sans rival, et ses vers, débités avec une action exagérée parfois, mais toujours amusante, jetaient un merveilleux entrain dans les réunions auxquelles il prenait part.

Mais je m'arrête, Messieurs; je me suis laissé entraîner à vous retracer les traits de cette physionomie sympathique. Vous me pardonnerez d'avoir cherché à en fixer le souvenir et à vous montrer tout ce que promettait Paul Vavasseur. Mais pourquoi faut-il que ce n'aient été presque que des espérances, et que l'ample moisson qu'il nous promettait n'ait pu être cueillie! Au reste, ne le plaignons pas, son lot est sans doute le meilleur. Comme le disait M. Heurtel, avec une hauteur d'expression qui résume bien ce que j'ai pu vous dire : « A cet esprit dans toute sa force, à ce poète dont la muse spirituelle n'avait pas dit son dernier mot, le ciel n'a pas voulu laisser les joies de la maturité, il lui a pris l'avenir terrestre pour lui donner cet avenir d'en haut dans lequel il avait une foi profonde..., nous n'avons qu'à nous incliner. »

Inclinons-nous donc devant cette loi inexorable qui nous frappe tous à l'heure fixée par les décrets d'en haut, et puissions-nous avoir comme lui, pour nous soutenir à cette heure suprême, la conviction religieuse qui fit la force de ses derniers moments, qui lui permit de voir approcher la mort sans trouble, et de remettre avec confiance à Dieu et à sa courageuse compagne le soin de la nombreuse famille qu'il laissait après lui.

Rouen. — Imp. de H. Boissel, rue de la Vicomté, 55.